# Ventes Extrêmes Avec Un Lancement Choc: Multipliez Vos Revenus Internet Par 5 Immédiatement En Vendant Facilement Un Produit Cher Ou Qui N'Existe Pas Encore.

# TABLE DES MATIÈRES

# INTRODUCTION.

Bienvenue dans cette formation qui va vous montrer des systèmes de promotion redoutables qui vont vous permettre de multiplier par 5 ou plus vos revenus sur Internet.

Ces systèmes sont des systèmes de vente extrêmes, et sont radicalement différents des systèmes traditionnels qu'on peut voir un peu partout, et qui ne permettent en général de ne gagner que des miettes ou à peine de quoi boucler la fin du mois.

Ainsi, peut-être que vous avez actuellement un blog ou un site qui s'adresse à une audience limitée ou à une thématique de niche dans laquelle vous n'avez qu'un nombre restreint de personnes qui vous suivent ou inscrites à votre mailing list.

Et même si vous le vouliez vous ne pourriez jamais, de part une thématique restreinte, obtenir autant de visiteurs que les gros sites sur des thématiques généralistes qui attirent monsieur et madame tout le monde.

Par ailleurs, peut-être que vous avez actuellement un seul ou deux produits à vendre et qui coûtent 30 ou 40 euros, et qu'il est relativement difficile pour vous de boucler les fins de mois car votre audience est limitée.

Il est aussi possible que vous n'ayez pas encore de produit à vendre, et que votre seule rémunération soit par exemple la publicité que vous mettez sur votre site.

Le problème de la publicité est que non seulement elle rémunère très mal, mais qu'il faut une audience gigantesque pour qu'elle soit vraiment rentable.

En effet, une publicité Google Adwords que vous placez sur votre blog ou site va vous rémunérer en général à raison de 0,25 euros par clic.

Or le taux de clic moyen est d'environ 1 visiteur sur 100.

Ainsi pour avoir ne serait-ce que 1000 euros par mois avec la publicité, vous auriez besoin de 400000 visiteurs chaque mois, ce qui est déjà difficile avec une bonne audience et impensable si vous êtes dans une thématique de niche.

Enfin, il est aussi possible que vous ayez également plusieurs produits, et que vous ayez adopté la stratégie que beaucoup de blogs ou sites utilisent pour écouler leurs produits, qui consiste à faire une page catalogue sur laquelle sont listés tous vos produits.

Le problème de cette technique traditionnelle est que les gens sont en général paralysés par les choix.

C'est par exemple d'ailleurs pour ça que les services de télévision proposent aux gens des packs thématiques (cinéma, sport, famille, etc.), ce qui est bien plus efficace que de laisser les gens eux-mêmes composer leur propre bouquet de chaînes parmi une liste de 500 ou 600 chaînes différentes.

Aussi, s'il est possible que vous fassiez de temps à autre quelques ventes grâce à une page catalogue, le système de promotion que vous allez voir ici est radicalement différent.

Il va non seulement permettre aux gens d'acheter davantage en leur proposant un chemin tracé plutôt que de les envoyer vers une page où ils se perdent dans la nature, mais également vous permettre de vendre facilement un produit que vous pourrez vendre très cher, bien loin des produits à faible ticket que vous vendez peut-être probablement aujourd'hui.

Ainsi cette formation va vous permettre, même en ayant une petite audience, d'atteindre des niveaux de revenus qui soient nettement supérieurs à des sites ayant de grosses audiences et utilisant des modèles traditionnels de ventes avec des pages catalogues et qui vendent des petits produits.

Et si vous n'avez pas encore de produit actuellement, vous allez voir comment vous pouvez faire des ventes immédiatement dès demain matin, sans avoir créé de produit.

Vous pourrez ainsi avoir une rentrée d'argent instantanément, et vous aurez tout le loisir par la suite de créer votre produit.

Voici tout ce que vous allez apprendre dans les trois modules de ce système de vente extrême qui va propulser les revenus de votre site à un tout autre niveau :

**Module #1**

A la fin de ce premier module, vous aurez mis en place un modèle de lancement extrêmement ingénieux en 3 étapes pour vendre facilement un produit très cher entre 500 et 1000 euros.

Vous n'aurez qu'à vous laisser guider et il vous suffira simplement de recopier le modèle.

Vous verrez notamment comment ce modèle va vous permettre de faire une promotion qui cartonne en augmentant le prix plutôt qu'en le diminuant, tout en passant pour un expert et une référence de votre thématique.

Vous découvrirez aussi comment ce modèle va vous permettre de faire les gens baver d'envie d'avoir votre produit et comment votre lancement va faire le buzz dans votre thématique.

Vous allez aussi voir la manière dont vous pourrez vendre ce produit aux gens qui ont un budget plus faible tout en augmentant le prix du produit.

Enfin, vous découvrirez comment diminuer le prix de ce produit sans frustrer ceux qui l'ont acheté plein pot.


**Module #2**
Dans ce deuxième module, vous allez découvrir la technique en 4 étapes pour vendre un produit qui n'existe pas encore, et avoir des rentrées d'argent instantanées dès demain matin.

Vous verrez également comment déclencher des torrents de ventes simplement en changeant le nom d'un produit.

**Module #3**
Dans ce troisième module, vous découvrirez une astuce qui ne vous prendra que 10 minutes à appliquer, et qui vous permettra de mettre en place une promotion qui va augmenter le total de vos ventes de 36% une fois que les gens ont décidé d'acheter.

Ainsi, vous aurez à la fin de cette formation mis en place un système de vente extrême qui va vous permettre de lancer et vendre des produits très chers et propulser les revenus de votre site certainement par 5 et bien plus, même si votre audience est petite.

Vous saurez également comment pouvoir avoir une rentrée d'argent immédiate dès demain matin même si vous n'avez actuellement aucun produit à vendre.

Commençons dès à présent à mettre en place votre système de ventes extrêmes par le premier module en page suivante.

## MODULE #1: LE MODÈLE DE LANCEMENT EN 3 ÉTAPES À RECOPIER POUR VENDRE FACILEMENT UN PRODUIT À 500 OU 1000 EUROS.

A la fin de ce premier module, vous aurez mis totalement en place votre modèle de lancement en 3 étapes, qui va vous permettre de vendre facilement un produit à 500 ou 1000 euros.

Avant de mettre en place ce modèle de lancement, vous allez d'abord voir la loi psychologique pour passer pour un expert et une référence dans votre thématique avec un produit cher.

Vous verrez ensuite le principe de ce modèle de lancement, et comment vous allez pouvoir faire une promotion qui cartonne en augmentant le prix plutôt qu'en le diminuant.

Puis, vous découvrirez la première étape du modèle qui va vous permettre de faire les gens baver d'envie d'avoir votre produit, et vous allez faire le buzz dans votre marché.

La deuxième étape va ensuite vous permettre de vendre votre produit aussi à ceux qui ont un budget limité, tout en continuant à augmenter le prix de votre produit.

Enfin, la troisième étape vous permettra de réduire le prix de votre produit sans frustrer ceux qui l'ont déjà acheté plein pot.

### *I.1- La loi psychologique pour passer pour un expert et une référence de votre thématique avec un produit cher.*

Ce modèle de promotion extrêmement ingénieux est inspiré des choses faites aux Etats-Unis lors de gros lancements de produits, souvent avoisinant les 1700 à 2000 dollars.

On peut l'appliquer sur des lancements plus simples et plus restreints, et il permet de faire une promotion tout en vous mettant en valeur.

En effet, lorsque les gens font des opérations promotionnelles où ils soldent par exemple à moins 70% leurs produits où lorsqu'ils vendent des produits à des prix très bas, le paradoxe est que cela nuit à leur image.

De part des prix bas ou très réduits qu'elles proposent, ces personnes sont perçues comme proposant du contenu ou des produits bas de gamme, un peu comme si on allait acheter quelque chose à la solderie, ou à LIDL.

Ainsi, on va probablement considérer comme expert et leader du marché une personne de la même thématique qui a des prix élevés.

Il s'agit d'une loi psychologique qui consiste à considérer le plus cher comme étant le plus qualitatif, même si ce n'est pas forcément le cas.

C'est d'ailleurs pour ça que certaines personnes qui vont faire leurs courses au supermarché ne vont jamais acheter le moins cher des produits mais juste celui du prix supérieur.

La façon la plus facile et rapide qu'on les gens de juger la qualité est le prix, même si ce n'est pas justifié et que ce n'est pas forcément viable lorsqu'on consomme au final le produit.

Ainsi, le problème si vous avez un produit au prix très bas ou que vous voulez solder un de vos produits pour en vendre davantage, est que vous allez peut-être avoir une image négative associée à de la basse qualité, à du "made in China".

En revanche, vous avez des concurrents qui ont probablement des tarifs beaucoup plus élevés, et qui même s'ils vendent moins, vont peut-être gagner davantage car ils ont besoin de nettement moins de clients.

De plus, ils vont avoir l'image de celui qui est leader du marché, et qui peut se permettre d'avoir des tarifs plus élevés.

### I.2- Comment faire une promotion qui cartonne en augmentant le prix plutôt qu'en le diminuant.

Le problème va donc être de faire une promotion limitée dans le temps, mais sans forcément avoir des tarifs plus bas.

Cela peut paraître peut-être contradictoire, mais il existe une façon extrêmement ingénieuse qui consiste à augmenter votre prix lors du lancement plutôt qu'à le diminuer, à l'aide du modèle de lancement en 3 étapes que vous allez découvrir.

L'idée est en fait d'avoir un produit beaucoup plus cher que vous pourrez vendre entre 500 et 1000 euros, et dont le but au tout début n'est pas de le vendre, mais simplement de le positionner comme quelque chose de très cher.

Voyons ça tout de suite avec la première étape de ce modèle de lancement.

### I.3- Etape n°1 : faites baver d'envie les gens d'avoir votre produit et faites le buzz dans votre marché.

Cette première étape va se dérouler sur la première semaine de votre lancement.

Le but de cette première semaine est donc d'avoir un produit que vous allez positionner très cher, entre 500 et 1000 euros.

Le but de cette première semaine n'est pas de vendre ce produit (même si une petite quantité de personnes va l'acheter), mais de faire baver les gens d'envie en les frustrant de ne pas pouvoir se le payer.

De plus, les deux autres avantages de positionnement à un tarif très élevé vont être que vous allez instantanément être perçu comme quelqu'un qui peut se permettre d'avoir des tarifs élevés, et de créer un mini buzz dans votre thématique car personne n'aura vu un produit aussi cher dans cette thématique.

Nous allons bien entendu prendre un exemple pour illustrer cette première étape.

Admettons que vous ayez un blog sur le kitesurfing.

Vous écrivez régulièrement des articles sur comment bien démarrer en kitesurf quand on est débutant, sur les meilleures plages pour en faire, sur l'équipement à avoir, etc.

Vous avez déjà une petite audience de fans qui vous suit, et une petite mailing list, mais votre audience est restreinte car peu de gens s'intéressent spécifiquement au kitesurf, par exemple en comparaison au football ou au sport en général.

Peut-être que vous n'avez à ce stade aucun produit à vendre, ou peut-être que vous en avez un, par exemple un livre ou une méthode audio qui explique aux débutants comment bien démarrer ainsi que quelques trucs de pros que vous vendez par exemple 27 ou 47 euros.

Imaginons que maintenant, vous souhaitiez lancer une grosse promotion en utilisant ce modèle de lancement.

La première chose à vous demander va être de savoir comment vous pouvez faire pour proposer un produit qui va valoir entre 500 et 1000 euros dans votre thématique restreinte du kitesurf.

Il existe pour ça de nombreuses façons de le faire, par exemple en créant une formation vidéo complète sur le kitesurf de A à Z qui permet de devenir un vrai pro en 4 heures, avec des scènes où vous vous filmez pour accomplir les différents mouvements en un minimum de temps, le choix du meilleur matériel, des réductions éventuelles avec des fournisseurs de kitesurf incluses, etc.

Cela dit, l'une des meilleures façons de proposer un produit à un tarif si élevé est par exemple de proposer une après-midi pour débutants où vous allez leur apprendre en live telle ou telle technique, ou par exemple une façon un peu unique en France d'utiliser un kitesurf et que personne d'autre n'enseigne.

Une fois votre produit ou évènement trouvé, vous allez proposer via un article ou page de vente sur votre blog cet évènement, à une date précise.

Vous allez mettre par exemple sur votre blog :

*"Les techniques Hawaïennes de kitesurf en 4 heures le Samedi 24 Mai pour
700 euros".*

Vous allez également faire une grosse promotion sur votre mailing list, avec une série de trois ou quatre emails pour être sûr que personne ne la rate, ainsi que sur les réseaux sociaux et tous les supports que vous utilisez dans votre business (Facebook, Twitter, Instagram, Youtube, etc.).

Une fois que vous aurez fait ce lancement et cette annonce, voici ce qui va se passer.

Lorsque les gens vont voir ça, ils vont se dire qu'ils ne vont pas être capables de se le payer. Certains vont peut-être même trouver ça un peu cher.

Cependant, ils vont voir ça et vu qu'ils sont passionnés, ils vont se dire que ça a tout de même l'air pas mal du tout, et que vous êtes une personne qui peut se permettre d'avoir des tarifs aussi élevés.

Ils vont donc se dire que votre produit ou évènement à vraiment l'air bien, mais que c'est dommage qu'ils ne puissent pas se le payer vu le prix trop élevé.

Le but de cette première étape qui se déroule sur toute la première semaine de votre lancement est donc de mettre dans la tête des gens l'idée suivante :

*"C'est dommage que je ne puisse pas me payer ça. Le contenu a l'air trop bien et en plus celui qui le propose est apparemment le pro de référence auprès duquel il faut apprendre, sinon il ne mettrait pas des tarifs comme ça."*

Pendant toute cette première semaine, le but est donc de commencer à faire baver d'envie les gens par votre produit ou évènement et de créer une frustration car ils ne vont pas pouvoir se le payer, et également de vous positionner comme une personne qui vend des choses cher.

A ce stade, vous aurez évidemment quelques clients mais il s'agira soit de ceux qui sont extrêmement fans, soit du très faible pourcentage de ceux qui auront le budget pour se permettre de payer ce prix.

Le plus gros de votre audience se dira que c'est dommage qu'ils ne peuvent pas se le payer à cause du prix trop élevé.

Ainsi, le plus important durant cette première semaine est de faire rêver un maximum votre audience, et d'avoir des relances d'emails qui les fassent rêver en implantant dans leur tête le sentiment qu'il serait vraiment génial s'ils pouvaient se payer ça.

C'est ce phénomène exact qui s'est passé aux Etats-Unis lors des premiers gros lancements sur des produits d'informations avoisinant les 1750 à 2000 dollars.

Certains l'ont également appliqué sur le marché Français, et même si ça a marché légèrement moins bien notamment de part le fait qu'il y a 5 fois plus de personnes aux Etats-Unis qu'en France, cela à tout de même bien fonctionné et propulsé leurs revenus à un tout autre niveau.

Le but était de faire en sorte que le tarif soit si élevé que les gens commencent même à en parler entre eux, créant un mini buzz dans la thématique car personne n'a jamais vu un produit sur cette thématique à un prix aussi élevé.

D'ailleurs, on voit également beaucoup de marques qui utilisent cette technique.

Par exemple, vous pouvez voir si vous allez en Suisse et notamment à Genève, un couteau Suisse sous vitrine qui vaut la coquette somme de 30000 euros.

Vous vous doutez bien qu'à ce prix, le but premier du couteau n'est pas d'être vendu mais de faire rêver, d'imprégner dans la tête des gens le fait de se dire :

*"Ouah, ça serait top si je pouvais m'acheter ça."*

Le but est bien entendu aussi de faire le buzz autour de la marque, en créant par exemple des polémiques ou des commentaires sur Facebook où les gens vont débattre sur le prix exhorbitant du couteau suisse, qu'il est abusé de mettre un prix pareil, etc.

Ainsi pour résumer les trois avantages de cette première étape qui se déroule toute la première semaine de votre lancement, on peut dire que cela permet de :

1- Créer un min-buzz et faire parler de vous.

2- Vous positionner comme quelqu'un qui a des tarifs élevés.

3- Faire rêver les gens et créer la frustration en faisant en sorte qu'ils se disent :

*"Ah, si seulement je pouvais m'acheter ça !"*

A ce stade, vous vous demandez peut-être à quel moment les gens vont donc acheter.

Dans cette étape, vous allez déjà faire quelques ventes, même si faibles, grâce aux personnes qui sont vraiment fans de ce que vous faites ainsi qu'à celles qui seront capables de dépenser plus que les autres.

Cela dit, la grande majorité va commencer à acheter à la deuxième étape, car vous allez rendre le produit accessible pour les budgets plus faibles.

Voyons donc tout de suite la deuxième étape du modèle de lancement, en page suivante.

### I.4- Etape n°2 : vendez aux gens que vous avez fait rêver en rendant votre produit abordable.

La deuxième étape commence dès la deuxième semaine de votre lancement et durera pendant toute la deuxième semaine.

C'est le moment où vous allez vendre votre produit aux personnes que vous avez fait rêver à la première étape lors de la semaine précédente, et qui ne pouvaient pas se payer votre produit.

Vous allez dans cette deuxième semaine le rendre abordable pour eux.

Pour le rendre abordable, vous allez maintenant proposer des facilités de paiement.

Vous n'allez ici surtout pas diminuer le prix du produit, mais simplement proposer des facilités de paiement, par exemple en 3, 4 fois, ou autant de fois que nécessaire pour que votre produit ou évènement devienne abordable pour la majorité de votre audience et en fonction des revenus moyens que touchent la majorité des personnes de votre audience.

En effet, si vous avez un blog sur le golf ou sur les conducteurs de Ferrari, les revenus moyens de votre audience seront probablement plus élevés que si vous avez un blog sur la manière de faire de la récupération ou sur la vente dans les brocantes pour arrondir ses fins de mois.

L'idée dans cette deuxième étape est donc de vous demander selon votre thématique le montant que vous pourriez vous permettre de dépenser par mois si vous étiez à la place d'un client aux revenus moyens de votre thématique.

A partir de cette réponse, vous allez alors lancer cette deuxième semaine un plan de paiement et des facilités de paiement.

Ainsi, au lieu de proposer de payer d'un seul coup un évènement que vous proposiez la première semaine à 700 euros, vous allez proposer un paiement échelonné sur trois mois de 250 euros par mois.

Vous remarquerez que 250 x 3 fait 750 euros, soit 50 euros de plus que les 700 euros, et c'est tout à fait volontaire.

En effet, l'idée est que le prix revienne au final légèrement plus cher que le prix de la première semaine, afin de ne pas frustrer les gens qui ont acheté dès la première semaine, même s'ils sont peu nombreux.

Vous voulez éviter que les personnes qui ont acheté en une seule fois la première semaine se sentent lésées en voyant que dès la deuxième semaine vous proposez un paiement en trois fois qu'elles auraient peut-être aussi volontiers choisi.

L'idée est donc que le produit soit plus simple à payer pour la majorité des personnes qui ne pouvaient pas se le payer auparavant, mais que le prix total soit moins avantageux car vous allez obtenir au final un prix total légèrement supérieur la deuxième semaine que celui de la première semaine.

C'est d'ailleurs tout le paradoxe de pouvoir rendre votre produit abordable à ceux qui ont un budget limité tout en augmentant le prix du produit.

Faites donc en sorte dans cette deuxième étape que l'addition des mensualités revienne un peu plus cher que le prix payé par ceux qui ont acheté la première semaine en une seule fois.

Ce qui est très important ici, surtout si vous planifiez un évènement, c'est de faire en sorte que les mensualités soient payables avant l'arrivée de cet évènement.

Si par exemple au lieu de vendre un produit téléchargeable ou un produit physique vous vendez un évènement, faites en sorte que l'évènement ait lieu dans trois mois si vous proposez une facilité de paiement en trois fois, et pas le mois suivant.

En effet, si votre évènement a lieu le mois suivant, il sera difficile de payer les trois mensualités d'ici là.

Assurez-vous donc de toujours proposer l'évènement après que les facilités de paiement soient terminées (si vous proposez un paiement en trois mois, faites l'évènement après ces trois mois).

*(Note: vous pouvez aussi certes proposer un évènement dans un mois tout en continuant à prélever les deux ou trois mensualités restantes après l'évènement, mais cette solution semble moins élégante et moins dérangeante à réaliser lorsqu'il s'agit d'un produit que les gens peuvent ensuite garder. Mais tout est ici une question de point de vue et vous êtes libres de faire comme vous préférez).*

En utilisant simplement ces deux premières étapes du modèle de lancement, vous allez créer une promotion qui à ce stade va déjà extrêmement bien fonctionner.

Le but n'est pas ici de rentrer dans les détails et l'analyse des déclencheurs psychologiques qui expliquent pourquoi ce modèle fonctionne si bien.

Cependant, sachez tout de même que vous avez notamment ici à la fois installé un sentiment d'urgence et un effet de preuve sociale.

En effet, vous avez montré qu'il y a des gens qui ont payé le plein tarif d'un seul coup la première semaine et qu'aujourd'hui, cette deuxième semaine, vous offrez l'opportunité de payer un prix donné par mois pour y accéder.

Aussi, si vous estimez ne pas avoir suffisamment vendu à la fin de cette deuxième semaine (et donc de cette deuxième étape) en calculant le total de vos ventes, vous avez la possibilité de faire une troisième étape optionnelle, qu'on va détailler à la page suivante.

## I.5- Etape n°3 : vendez encore plus en mettant un prix moins élevé.

Cette troisième étape est optionnelle et va durer toute la troisième semaine.

Comme on vient d'en parler, elle n'est à faire que si vous avez constaté que vous n'avez pas assez vendu la deuxième semaine une fois avoir fait le total de vos ventes.

Le but ici va être de diminuer le prix de votre produit ou de votre évènement afin de l'écouler encore plus facilement.

Ceci est bien évidemment extrêmement dangereux à faire car il y a déjà des gens qui ont payé plein pot la première semaine et d'autres qui se sont engagés à payer des mensualités la deuxième semaine.

Aussi, vous ne pouvez pas venir la troisième semaine et dire à tout le monde que finalement vous soldez tout !

En effet, vous ne pouvez pas vous permettre de proposer à ceux qui arrivent un tarif moins élevé, alors que les autres personnes qui étaient là en premier ont payé le prix fort.

Si vous faites ça de cette façon, ces personnes auront l'impression de s'être fait avoir et que vous vous êtes fichu d'elles.

En revanche, il existe une manière très ingénieuse de tout de même baisser votre tarif sans frustrer tous ceux qui ont déjà acheté au prix fort.

Ce que vous pouvez faire ici est de proposer un sous-produit, qui du coup va coûter moins cher.

Par exemple lors d'un évènement, vous pouvez proposer des chaises rajoutées tout au fond de la salle, ou de ne pas avoir droit à tous les documents de travail papier que vous distribuerez pendant l'évènement ou à l'enregistrement de l'évènement que vous rendrez disponible par la suite.

S'il s'agit d'un produit physique comme par exemple un DVD ou un coffret de formation, vous pouvez en supprimer une partie ou enlever des documents ou des bonus que vous auriez donnés avec.

Si c'est un produit téléchargeable comme par exemple un pack de formation vidéo, vous pouvez aussi en supprimer une partie.

Par exemple, vous pouvez supprimer des bonus ou des cadeaux supplémentaires que vous donniez, ne pas inclure certaines fiches de synthèse ou d'action PDF, ne pas mettre certains scripts permettant d'avoir des résultats immédiats, ne pas inclure les PDF qui retranscrivent vos vidéos ou une version mp3 de votre formation qui aurait pu s'écouter dans la voiture, ou encore proposer une version bridée sans y mettre toutes les options, etc.

L'idée est d'enlever un maximum de valeur à votre produit ou évènement afin de ne pas frustrer ceux qui ont déjà payé le prix fort.

Ce qu'il faut, c'est de simplement trouver une raison valide à donner aux gens et qui explique pourquoi vous faites ça.

C'est exactement ce qu'ont fait des marketeurs aux Etats-Unis qui ont utilisé ce modèle de lancement pour vendre un coffret de formation composé de DVDs et de nombreux livres et documents papier vendus à 1497 dollars.

Ils voulaient encore écouler davantage de coffrets à la troisième semaine.

Ils ont alors dit qu'ils avaient vendu tous les coffrets qu'ils avaient fait produire de manière industrielle et professionnelle, mais qu'il leur restait encore les exemplaires brouillon produits de manière artisanale de ce coffret avant le contrat avec l'imprimeur et le fabricant des DVDs.

Les DVDs de ces coffrets en mode brouillon étaient gravés avec leurs ordinateurs sans être dans la belle jaquette, et les documents et livres papier avaient été imprimés avec leur imprimante personnelle en noir et blanc.

Ainsi, vu qu'il y avait encore tellement de demandes et qu'ils n'avaient plus rien en stock, ils ont alors proposé les 10 ou 15 maquettes artisanales à un prix inférieur.

Voici donc ce que vous pouvez faire pour cette troisième étape.

Ceci termine ce premier module.

Vous avez donc vu le modèle de lancement en 3 étapes qui vous permet de vendre facilement un produit ou un évènement à 500 ou 1000 euros.

Vous avez d'abord vu la loi psychologique qui va vous permettre de passer pour une référence et un expert de votre thématique en proposant un produit cher.

Vous avez ensuite vu le principe général de ce modèle de lancement qui permet de faire une promotion qui cartonne tout en augmentant le prix plutôt que de le diminuer.

Ensuite, vous avez vu dans une première étape comment faire baver d'envie et rêver les gens pour obtenir votre produit, tout en créant une frustration liée aux fait que la grande majorité ne pourra pas se le payer.

En plus de ça, cette première étape va vous permettre de vous positionner comme quelqu'un de votre thématique qui peut se permettre d'avoir des tarifs élevés et qui va faire parler d'elle et créer un mini buzz dans votre thématique.

Puis, la deuxième étape du lancement vous a montré le mécanisme paradoxal qui va vous permettre de vendre votre produit aux personnes qui ont un budget plus faible, tout en augmentant encore légèrement le prix du produit.

Enfin, la troisième étape vous permet de vendre encore davantage si vous estimez ne pas avoir vendu suffisamment durant les deux premières étapes.

Vous y avez découvert la façon très ingénieuse pour baisser le prix de votre produit tout en vous assurant de ne pas frustrer ceux qui ont payé le prix fort la première semaine, ou qui se sont engagés dans un paiement de mensualités la deuxième semaine.

Si vous n'avez pas encore de produit à vendre, vous allez voir dans le deuxième module comment vous pouvez vendre un produit qui n'existe pas encore pour avoir des rentrées d'argent instantanées dès demain matin.

## MODULE #2: LA TECHNIQUE EN 4 ÉTAPES POUR VENDRE UN PRODUIT QUI N'EXISTE PAS ENCORE ET AVOIR DES RENTRÉES D'ARGENT INSTANTANÉES.

Dans ce module, vous allez voir la manière de vendre un produit dès maintenant même s'il n'existe pas encore (il ne s'agit pas de prévente ou de souscription).

Cela vous permettra d'avoir des rentrées d'argent immédiates que vous pourrez constater dès demain matin car du coup la mise en place ne prendra que très peu de temps vu que vous allez chercher d'abord à vendre, et ensuite à avoir tout le temps de créer votre produit.

Vous d'allez d'abord voir dans une première partie la manière de déclencher des ventes, simplement en appelant les choses différemment et en les présentant d'une autre manière.

Vous verrez ensuite de manière détaillée chacune des quatre étapes pour mettre en place cette technique.

## II.1- Comment déclencher des torrents de ventes juste en changeant le nom d'un produit.

Ce qui est extrêmement puissant en marketing, c'est qu'il suffit parfois de formuler les choses différemment pour que les gens se mettent à bondir sur un produit.

En effet, on peut transformer totalement la réaction que les gens vont avoir en termes de ventes simplement en transformant un concept par l'utilisation de mots différents.

Voici un exemple parlant déjà évoqué dans une autre formation, tiré de ce qui a fait polémique à un moment lorsque le mariage homosexuel a été abordé.

En effet, lorsque des sondages étaient réalisés, environ 60% des gens étaient pour le mariage homosexuel et 40% contre.

Autrement dit, les résultats étaient relativement mitigés.

La raison est que le terme "mariage homosexuel" évoque deux notions qui ont une représentation opposée dans la tête des gens.

D'une part, le mot mariage évoque quelque chose de très traditionnel ; d'autre part le terme homosexuel évoque chez certaines personnes une chaîne de valeur différente qui s'oppose avec le côté traditionnel du mariage.

Du coup, une sorte de dissonance cognitive est créée en juxtaposant ces deux termes, ce qui explique les résultats mitigés.

En revanche, lorsqu'on remplace le terme "mariage homosexuel" par "mariage pour tous", il se produit une sorte d'effet magique où presque tout le monde devient pour.

Pourtant, il s'agit exactement de la même chose, mais exprimée avec des mots différents.

Ainsi, il suffit parfois de changer les mots utilisés pour désigner une même chose afin de provoquer chez les gens une réaction émotionnelle radicalement différente.

C'est tout ce pouvoir qu'on va utiliser pour vendre votre produit qui n'existe pas en obtenant un taux de conversion similaire à s'il existait.

Lorsqu'on pense à un produit qui n'existe pas encore, on pense souvent aux termes peu vendeurs de prévente ou souscription.

Ainsi, on ne va pas parler de faire une prévente ou une souscription.

Si on emploie ces termes pour votre produit, il y a de fortes chances que presque personne n'achète.

En effet, ces termes peuvent à la rigueur fonctionner pour des auteurs très connus, mais certainement pas pour le reste.

Imaginez un peu le tollé que vous allez provoquer si vous dites :

*"J'ai un produit que je pense créer d'ici tant de temps, mais payez-le maintenant car j'ai besoin d'argent tout de suite."*

Il y a fort à parier que presque personne ne va payer, ou alors la seule personne qui va payer sera celle qui a mal lu ou écouté ce que vous proposez.

Pourtant, en formulant cette même situation avec des mots différents, vous allez totalement modifier le comportement d'achat des gens.

Ainsi, au lieu de proposer une prévente ou une souscription, vous allez proposer un **évènement en ligne**.

Parler d'évènement en ligne est simplement une façon de présenter un produit d'information qui n'existe pas, et cela fonctionne extrêmement bien.

Avec cette nouvelle formulation qui pourtant exprime exactement la même chose, les gens vont alors avoir un comportement d'achat radicalement différent et se ruer sur votre offre.

En effet, il ne s'agit plus de quelque chose que vous pré-vendez, mais d'un évènement, et les gens sont habitués et trouvent tout-à-fait normal d'acheter leur ticket à l'avance lorsqu'il s'agit d'un évènement (concert, pièce de théâtre, etc.).

Ainsi, si vous avez des gens qui visitent votre site et que vous avez absolument besoin d'argent cette semaine mais n'avez aucun produit, vous avez soit le choix de bâcler une formation téléchargeable, ou alors de présenter une formation (audio ou vidéo) en parlant d'évènement en ligne, c'est-à-dire quelque chose où on comprend clairement qu'il y a une date et une heure fixe et qui n'est pas téléchargeable à l'avance.

Et c'est exactement ce que vous allez vendre, en mettant toute cette mécanique en place très simplement en pas-à-pas grâce à la technique en 4 étapes que vous allez découvrir à la page suivante.

### II.2- Première étape de mise en place.

La première étape est avant tout de connaitre et définir le plan de votre produit d'information.

En effet, même si vous n'allez pas le créer maintenant, il faut tout de même savoir quels sont les grands sujets et problèmes qui vont être traités et solutionnés afin de pouvoir le présenter et le vendre.

Il ne s'agit pas ici de faire un plan très détaillé, et une simple liste de points est suffisante.

Ainsi, cette étape consiste juste à créer un pré-plan, en faisant une liste de 5 à 7 points.

Ces points peuvent par exemple être organisés en jours ou en semaines.

Par exemple si vous proposez un produit sur comment arrêter de fumer en 5 jours, le premier point peu représenter le lundi, le deuxième le mardi, etc.

Si vous créez un produit sur comment facilement obtenir des abdominaux d'acier et perdre son ventre en 6 semaines, chacun des points peut représenter une semaine.

La première semaine peut par exemple porter sur les "4 habitudes néfastes à perdre", la deuxième sur le "nouveau régime alimentaire brûle graisse sans se priver", la troisième sur les "7 exercices de cardio qui font fondre votre graisse à vue d'oeil", la quatrième sur les "5 mouvements simples à faire pour muscler vos abdominaux comme un pro", etc, et vous avez ainsi votre pré-plan en 6 points.

Cette première étape n'est pas plus compliquée que ça.

Une fois que vous avez finalisé ce pré-plan, vous pouvez passer à la deuxième étape.

## II.3- Deuxième étape de mise en place.

Une fois que vous avez créé votre pré-plan, la deuxième étape consiste à lister tout ce que vous pouvez mettre en plus du produit.

Le but ici est de rajouter un maximum de valeur perçue.

Vous pouvez par exemple ajouter des ressources supplémentaires telles qu'une ou plusieurs petites vidéos courtes additionnelles en faisant un tutoriel bonus.

Il peut aussi s'agir de fichiers PDF listant une procédure, ou offrant une structure à suivre pas-à-pas pour faire telle ou telle chose.

Cela peut aussi être un script, un plugin, ou un fichier Excel avec des formules de calcul, etc.

L'idéal est de pouvoir varier au maximum les formats que vous allez proposer (vidéo, fichier PDF, script, fichier Excel, podcast, etc.).

Ces différents formats vont permettre de rajouter un maximum de valeur perçue et de vous dissocier des formats classiques de vos concurrents qui ne proposent qu'une vidéo.

Ainsi, votre produit devient bien plus qu'une simple vidéo. Il devient un kit, un système, un package.

Votre produit devient alors difficilement comparable aux produits similaires des concurrents et vous pouvez beaucoup plus facilement justifier d'un prix plus élevé.

Listez donc maintenant l'ensemble des choses et des différents formats que vous allez mettre en plus de votre produit.

Une fois que vous avez listé tout ce que vous pouvez mettre en plus, vous pouvez passer à la troisième étape.

## II.4- Troisième étape de mise en place.

La troisième étape consiste simplement à créer votre page de vente sur votre blog ou site web, en disant que vous organisez un évènement en ligne à tel jour et à telle heure.

Par exemple, vous pouvez dire quelque chose du genre :

*"J'organise un évènement en ligne le Mardi 24 Mai de 18 à 20h, où vous allez apprendre telle et telle chose pour résoudre tel problème au cours de deux heures, et vous pourrez aussi poser toutes vos questions.*

*Si vous ne pouvez pas y assister pas de panique, vous pouvez vous inscrire maintenant et télécharger le replay plus tard car l'évènement en ligne sera enregistré, mais il ne sera pas accessible au même prix après. Donc si vous vous inscrivez aujourd'hui, vous avez telle et telle condition préférentielle."*

Vous pouvez simplement présenter les choses comme ça sur votre site, ce qui ne devrait pas vous prendre plus d'une quinzaine ou vingtaine de minutes.

Si vous faites ça, vous voyez que vous n'avez pas besoin encore de produit et vous pouvez déjà vendre ça, juste en donnant le pré-plan de la première étape et en détaillant les choses supplémentaires que vous allez donner, listées dans la deuxième étape.

Selon la date que vous avez annoncée, vous aurez tout le temps nécessaire pour préparer et créer votre formation.

Par ailleurs, vous serez beaucoup plus détendu, surtout si vous n'avez jamais créé de formation auparavant, car vous aurez déjà vendu le concept, et il ne vous suffira plus qu'à créer le contenu.

Pour faire votre présentation à la date de l'évènement en ligne, vous pouvez utiliser des logiciels de vidéo conférence, mais le plus facile reste d'enregistrer votre vidéo bien avant et de simplement la mettre en ligne à la date et heure précise annoncée de l'évènement en ligne.

Par ailleurs, vous n'êtes pas obligé de mentionner dans votre page de vente de votre évènement en ligne le fait que les gens pourront poser des questions.

Mais si vous le faites, vous pourrez toujours trouver des moyens d'y répondre même si vous ne faites pas l'évènement en ligne en live et que vous mettez une vidéo préenregistrée à la place à l'heure de l'évènement.

Par exemple, vous pouvez décider de reprendre la main une fois que votre vidéo est terminée, soit à l'aide d'un logiciel de conférence, soit à l'aide d'une fenêtre de chat, selon que vous préférez répondre oralement ou par écrit en live.

Vous pouvez aussi préciser que de part le grand nombre de participants, vous ne pourrez pas répondre à toutes les questions immédiatement et que les gens peuvent vous envoyer leurs questions via un formulaire que vous mettrez sur la page.

Vous leur direz alors que vous répondrez à toutes ces questions par une vidéo que vous mettrez sur cette même page dans 24, 48 heures ou la semaine prochaine.

De cette manière, vous n'aurez pas non plus besoin d'être présent pour répondre aux questions en live, dans le cas où vous avez mentionné l'opportunité aux gens de poser leurs questions.

Vous voyez que cet évènement en ligne est très flexible et vous pouvez trouver la formule qui vous convient le mieux, tant dans le fond que dans la forme.

Une fois que vous avez créé votre page de vente et que vous savez la manière dont vous allez agencer et organiser votre évènement en ligne (préenregistré ou live, possibilité de questions en live ou différé ou pas du tout, etc.), vous allez pouvoir, si vous le souhaitez, faire le lancement de cet évènement en utilisant le modèle de lancement vu dans le premier module.

C'est ce qui va faire l'objet de la quatrième étape.

### II.5- Quatrième étape de mise en place.

Maintenant que tout est prêt, que vous avez votre concept d'évènement en ligne et votre page de vente réalisée, vous n'avez plus qu'à en faire le lancement.

Pour ça, vous pouvez si vous le souhaitez utiliser le modèle de lancement en trois étapes vu lors du premier module.

Ce modèle de lancement est très flexible et vous pourrez bien entendu l'adapter selon vos besoins.

Par exemple, vous pourrez faire un lancement la première semaine avec un prix très élevé, proposer des facilités de paiement la deuxième semaine, puis un sous-produit moins cher la troisième semaine.

Le sous-produit peut être par exemple de supprimer l'ensemble des choses que vous avez rajoutées à votre évènement en ligne lors de la deuxième étape vue plus haut. Cela peut aussi être le fait de ne pas donner l'opportunité aux gens de poser des questions.

Vous avez également le phénomène d'urgence qui est déjà présent par le fait même qu'il y a une date limite puisque l'évènement en ligne va avoir lieu à un jour et une heure donnée.

Il vous suffit donc de dire aux gens qu'ils n'ont plus que jusqu'à la date de l'évènement pour s'inscrire, et qu'après il sera trop tard.

Vous n'avez même pas besoin de mentionner que vous comptez proposer un replay après cet évènement, afin de jouer sur l'urgence de la date pour s'inscrire et leur faire comprendre qu'ils vont rater l'évènement définitivement s'ils ne s'inscrivent pas maintenant.

*(Note: vous pouvez décider par exemple de faire coïncider la date du début de l'évènement avec la fin de votre troisième semaine de votre lancement.*

*Dans ce cas, les facilités de paiement en plusieurs fois que vous allez proposer lors de la deuxième semaine de lancement continueront après l'évènement.*

*Mais vous pouvez aussi, comme on l'a évoqué lors du premier module, faire votre lancement bien avant la date de l'évènement pour faire en sorte que l'évènement ait lieu une fois que les facilités de paiement soient terminées. Dans ce cas, vous ferez comprendre aux gens que la limite d'inscription n'est pas jusqu'à la veille de l'évènement mais jusqu'à la fin de votre lancement et qu'après il sera trop tard. Encore une fois, ce modèle est très flexible et vous êtes libre de l'adapter suivant vos besoins.)*

Vous pouvez même accélérer le phénomène d'urgence encore plus, en jouant sur un nombre de places limitées.

Ce qui fonctionne très bien, c'est de faire un marketing négatif en disant que vous n'avez pas envie de vendre cet évènement en ligne à tout le monde et que c'est pour ça que vous donnez un nombre de places limitées par exemple aux 20 ou 100 premiers.

Vous pouvez même rajouter que vous avez 5000 ou 30000 inscrits à votre mailing list et que les places vont donc partir très vite.

Ce style de marketing négatif qui montre qu'on n'est pas là à mendier pour faire des ventes et lié à la preuve sociale fonctionne extrêmement bien.

Puis, bien évidemment, une fois que l'évènement en ligne est passé, vu qu'il sera enregistré, vous pourrez toujours le proposer par la suite à un tarif moins intéressant à tous ceux qui ne se sont pas inscrits avant l'évènement en ligne.

Voici donc un exemple de façon d'adapter le modèle de lancement vu lors du premier module.

Ceci termine ce deuxième module.

Vous avez découvert comment vendre un produit qui n'existe pas encore par une technique en 4 étapes simples qu'il vous suffit de recopier.

Vous avez vu que parfois il suffit simplement de changer la manière de nommer un produit pour changer totalement le comportement d'achat des gens.

Dans ce cas, le simple fait de présenter votre produit comme un évènement en ligne et non comme une prévente ou souscription peut complètement changer la façon dont les gens vont réagir.

Par ailleurs, le fait de proposer un évènement hors ligne comme dans l'exemple de l'après-midi de kitesurf que l'on a évoquée lors du premier module peut aussi être un moyen de vendre tout de suite sans avoir de produit.

Vous aurez alors tout le loisir de préparer votre évènement d'ici à la date où il aura lieu, et pourrez commencer à vendre immédiatement, en seulement quelques minutes ou dizaines de minutes de préparation de votre concept général, de votre page de vente et de vos mailings.

Dans le troisième module, vous allez voir une astuce qui va pouvoir vous permettre d'augmenter encore davantage le total de vos ventes, en moyenne de 36%.

## MODULE #3: L'ASTUCE ULTIME EN 10 MINUTES POUR AUGMENTER LE TOTAL DE VOS VENTES DE 36%.

Dans ce court module, vous allez voir une astuce qui va vous prendre à peine une dizaine de minutes et qui va vous permettre d'augmenter le total de vos ventes de 36%.

Il s'agit en fait d'une dernière promotion à mettre en place une fois que les gens ont décidé d'acheter.

Voici le fonctionnement de cette astuce.

Il faut savoir que le moment où les gens décident d'acheter un produit, quel qu'il soit, est un moment extrêmement propice pour en profiter pour augmenter vos ventes.

Que vous ayez mis ou non en place un modèle de lancement tel que vous avez découvert lors du premier module et quel que soit le type de produit ou d'évènement que vous vendez, vous allez pouvoir augmenter vos ventes en moyenne de 36% une fois que les gens ont décidé d'acheter.

Dans un processus d'achat classique, les gens arrivent directement sur la page de paiement une fois qu'ils ont cliqué sur le bouton d'achat.

Au lieu de les rediriger directement vers cette page de paiement, vous allez les diriger d'abord sur une page intermédiaire sur laquelle vous allez leur proposer une option supplémentaire en leur demandant par exemple :

*"Voulez-vous aussi ajouter ceci à votre panier ?"*

S'ils cliquent sur non, alors ils vont directement sur la page de paiement et paient le prix du produit initial.

S'ils cliquent sur oui, alors ils vont aussi sur la page de paiement mais cette fois ils paient le prix du produit initial, plus le prix de ce qu'ils viennent de rajouter.

Selon une étude réalisée sur le téléachat aux Etats-Unis sur des millions de clients, ce qui se vend le plus sur cette page intermédiaire est une quantité plus grande du même produit, davantage du même produit.

Par exemple, si vous vendez un produit physique tel que des t-shirt et qu'un client a décidé d'en acheter 6, alors vous pouvez lui proposer sur votre page intermédiaire d'en prendre 10 et d'avoir un tarif préférentiel.

Proposer davantage du même produit peut aussi être par exemple de proposer une offre gold ou platine supérieure à la version de base.

Si ce que vous vendez est un évènement sur une journée, vous pouvez par exemple proposer une deuxième journée qui sera réservée aux travaux pratiques et aux mises en application des concepts de la première journée, etc.

S'il n'est pas possible de proposer davantage du même produit, alors vous pouvez proposer un produit le plus proche possible du produit initial que la personne a décidé d'acheter.

Pour maximiser vos ventes en utilisant cette technique, vous pouvez utiliser la règle des 60.

De nombreuses statistiques ont en effet mis en évidence cette règle, qui consiste à dire que 60% des gens achèteront ce qui est proposé sur la page intermédiaire si son prix équivaut à 60% du prix du produit qu'ils ont décidé d'acheté sur la première page.

Pour illustrer cette règle, admettons que vous vendiez une formation à 100 euros pour apprendre à utiliser Wordpress.

Imaginons que 100 clients décident d'acheter votre formation et qu'ils cliquent sur le bouton acheter.

Ils arrivent alors sur votre page intermédiaire sur laquelle vous leur proposez une formation à 60 euros (donc 60% du prix du produit initial) qui leur offre davantage de la première formation (par exemple une formation plus détaillée sur une fonctionnalité de Wordpress) ou très proche (par exemple une formation sur comment écrire des articles de blog Wordpress qui convertissent).

Dans ce cas, vous aurez alors environ 60 clients sur les 100 (donc 60%) qui achèteront également le deuxième produit, ce qui fait une augmentation de votre chiffre d'affaire de 36% avec cette simple opération.

En effet, si 100 clients achètent un produit à 100 euros sans page intermédiaire, vous gagnez 10000 euros.

Si 100 clients achètent un produit à 100 euros et qu'en plus 60 clients de ces 100 achètent aussi un produit à 60 euros sur une page intermédiaire, vous gagnez 13600 euros.

La différence entre ces deux opérations se traduit par une augmentation de +3600 euros, soit 36% de chiffre d'affaire en plus.

Ainsi, pensez toujours à rajouter ce type de page intermédiaire lorsque vous utilisez le modèle de lancement vu au premier module, ou même à chaque fois que vous faites la promotion d'un produit.

Rappelez-vous juste que pour maximiser vos résultats, il faut que le prix de ce que vous proposez sur cette page intermédiaire soit 60% du prix du produit initial, et de proposer davantage du produit initial ou quelque chose qui en soit le plus proche possible.

Ceci termine ce troisième module qui vous a permis d'augmenter, par une simple page intermédiaire, le total de vos ventes de 36%.

Cette formation touche à sa fin et il reste à la conclure en page suivante.

## CONCLUSION.

Cette formation est maintenant terminée.

Vous avez appris à mettre en place un lancement choc qui va vous permettre de multiplier vos revenus Internet par 5 ou plus immédiatement, en vendant facilement un produit cher même si vous n'en avez actuellement aucun.

Ainsi, vous avez vu dans un premier module un modèle de lancement à recopier en 3 étapes pour vendre facilement un produit cher à 500 ou 1000 euros.

Vous avez notamment découvert la loi psychologique qui vous permet de passer par un expert et une référence dans votre marché de niche avec un produit cher.

Puis vous avez vu comment ce modèle de lancement extrêmement ingénieux pouvait vous permettre de faire une promotion en augmentant le prix plutôt qu'en le diminuant.

Vous avez ensuite vu la première étape de ce modèle qui a pour but de faire baver d'envie les gens d'acheter votre produit mais aussi de les frustrer de ne pas pouvoir se le payer de part son prix très élevé.

De plus, cette première étape permet de vous positionner comme quelqu'un qui peut se permettre de proposer des tarifs élevés et de créer un mini buzz dans votre thématique en faisant parler de vous.

La deuxième étape a ensuite consisté à rendre votre produit abordable pour que la majorité de vos visiteurs, fans et inscrits qui ont un budget limité puissent se le payer.

Le paradoxe et la magie de cette deuxième étape est que vous allez permettre aux gens qui avaient un budget plus faible d'acquérir le produit, tout en augmentant le prix total du produit.

Puis, la troisième étape vous a permis de vendre encore davantage si jamais il y avait encore besoin, par un procédé extrêmement astucieux qui permet de baisser le prix du produit sans frustrer tous ceux qui l'ont acheté précédemment au prix fort.

Vous avez ensuite vu dans un deuxième module comment vendre facilement un produit qui n'existe pas encore par une technique en 4 étapes qui vous permet également de le coupler au modèle de lancement du premier module pour obtenir encore plus de résultats en termes de revenus.

Ce module est parfait si par exemple vous n'avez pas encore de produit à vendre mais que vous avez besoin de rentrées d'argent instantanées.

La mise en place de la stratégie est extrêmement rapide et vous permet d'obtenir vos premières ventes dès le lendemain matin.

Enfin, un dernier module vous a permis d'augmenter encore le total de vos ventes de 36% une fois que les gens ont décidé d'acheter, par une page toute simple qui peut être mise en place en une dizaine de minutes.

Ainsi, avec ce système complet, vous allez pouvoir propulser vos revenus probablement bien au delà de vos espérances, que vous ayez ou non des produits actuellement, et même si vous êtes dans une thématique et que votre audience est réduite.

Ce qui est très important, c'est de vous fixer un calendrier pour faire des lancements chocs sur une base régulière, car le but est de pouvoir vendre certes beaucoup plus cher, mais aussi beaucoup plus souvent aux mêmes clients.

Ainsi, même si votre audience est petite, même si vous êtes dans une thématique très spécifique avec un nombre de fans relativement faible qui vous suivent, vous pourrez excéder de 5, 10 et parfois bien plus les revenus des sites à grosses audiences.

En effet, beaucoup de sites dans des thématiques plus généralistes ont une très grande audience, mais ne proposent souvent qu'un seul petit produit à vendre, ou plusieurs produits à bas coût qu'ils proposent sans guider leur audience, en utilisant les méthodes de promotion traditionnelles et peu efficaces comme par exemple une page catalogue.

Bien entendu, répéter les stratégies que vous avez apprises ici ne tient qu'à vous, et en vous fixant un calendrier de lancements réguliers, vous pourrez multiplier d'autant de fois vos revenus qui seront proportionnels à votre investissement sur la durée.

Je vous souhaite tous mes voeux de succès avec les lancements chocs et vous dis à bientôt, j'espère, dans une prochaine formation.

## A PROPOS DE L'AUTEUR.

Rémy Roulier est un ancien ingénieur informatique et responsable marketing dans une multinationale.

Il est aujourd'hui auteur best-seller, digital nomad et voyage partout dans le monde, ayant acquis depuis plus de dix ans une véritable expertise dans le marketing internet et le développement personnel.

Il partage aujourd'hui ses outils et son expérience pour permettre aux autres d'atteindre également leur indépendance financière et de façonner leur vie telle qu'ils la désirent vraiment.

## CRÉATIONS DU MÊME AUTEUR.

Retrouvez mes nombreuses créations directement sur Amazon.

En voici aussi quelques-unes qui peuvent vous servir :

*LA RETRAITE À 30 ANS: COMMENT PRENDRE SA RETRAITE ET ATTEINDRE L'INDEPENDANCE FINANCIERE 4 FOIS PLUS VITE QUE LES AUTRES, VOYAGER, VIVRE SES REVES ET ETRE HEUREUX.*

Une méthode qui vous guide pas-à-pas pour prendre votre retraite et arrêter de travailler le plus rapidement possible et 4 fois plus vite ou plus que les autres. Dévorez vite ces informations qui bientôt redeviendront introuvables, et qui vont vous permettre de prendre votre retraite à 30 ans, voyager, vivre vos rêves et être heureux.

*TRAFIC WEB EXTRÊME EN CREANT UN FAUX LIVRE: COMMENT ECRIRE UN LIVRE INCONTOURNABLE SANS RIEN REDIGER ET PROPULSER SON BLOG, DECUPLER SON TRAFIC INTERNET, EXPLOSER SA MAILING LIST.*

Découvrez comment vous pouvez facilement et rapidement créer un livre qui soit incontournable dans votre thématique sans rien devoir rédiger. Puis, distribuez-le pour faire le buzz, décupler votre trafic et exploser votre mailing list de personnes hyper ciblées. Avec cette technique, certains sont devenus N°1 de leur thématique, pourquoi pas vous?

***TRAFIC WEB EXTRÊME AVEC L'ACHAT DE CLIENTS GRATUITS:***
***COMMENT OBTENIR DU TRAFIC INTERNET HYPER QUALIFIÉ***
***INSTANTANÉMENT SUR VOTRE SITE SANS RIEN PAYER SI VOUS NE VENDEZ***
***PAS.***

Voici une technique révolutionnaire de la série trafic web extrême qui va vous montrer comment obtenir du trafic ciblé gratuitement sur votre site en ne payant que lorsqu'un visiteur achète. Arrêtez de payer la publicité Google ou Facebook sans être sûr que vos visiteurs vont acheter vos produits, et dévorez cette nouvelle technique pour acheter des clients gratuits et décupler vos ventes et revenus instantanément.

***VOTRE PREMIER SMIC SUR INTERNET EN 72 HEURES:***
***LE SYSTEME INEDIT LE PLUS RAPIDE POUR GAGNER DE L'ARGENT SUR***
***INTERNET QUAND ON N'A PAS LE TEMPS ET GENERER 1200 EUROS EN 3***
***JOURS SANS CREER DE PRODUIT.***

Une méthode inédite pour générer vos premiers 1200 euros en ligne en seulement 3 jours et sans créer de produit. A posséder absolument pour tous ceux qui n'ont plus le temps ou qui ont déjà tout essayé pour gagner de l'argent sur Internet. Cette méthode va tout changer.

***CREER UN SITE WEB LUCRATIF EN 4 SEMAINES:***
***LA FAÇON LA PLUS RAPIDE DE CRÉER UN BLOG OU SITE INTERNET RENTABLE EN PARTANT DE ZÉRO.***

Découvrez la façon la plus rapide et simple de créer un site ou blog qui vous rapporte entre 5000 et 10000 euros par mois en partant de rien. Une méthode pas-à-pas qui vous guide en 5 modules vers votre indépendance financière, en évitant toutes les erreurs des débutants.

***DEVENIR RICHE EN 42 JOURS:***
***LA METHODE PAS-A-PAS POUR.GAGNER DE L'ARGENT SUR INTERNET ET VIVRE SES REVES EN PARTANT DE RIEN.***

Une méthode prouvée qui vous guide pas-à-pas et vous permet d'atteindre votre indépendance financière en 42 jours grâce à Internet, même si vous démarrez actuellement de rien. Un must à ne pas manquer.

www.ingramcontent.com/pod-product-compliance
Lightning Source LLC
Chambersburg PA
CBHW070408190526
45169CB00003B/1172